淘宝

Táo bǎo

淘宝

Text by Pu-mei Leng 冷步梅
Cover Illustration by Mary Ann Peterson
Interior Illustration by Yuanchun Wei 魏艳春
Cover Layout by Lan Yao 姚岚

To all students who have inspired
me and contributed to the creation
of stories in the classroom.

Table of Contents

A Note to the Reader ix

第一章 去做义工............................3

第二章 什么都有..........................15

第三章 在中国出生的奶奶............27

第四章 Mark 淘到的宝..................39

GLOSSARY 词索...........................59

A Note to the Reader

The main text of this book only contains simplified Chinese. The glossary includes traditional Chinese characters which are different from the simplified ones. You will find that there are only a few words that are different. If you are taught in traditional Chinese, try to focus on the story itself, you probably will simply read it through without noticing them or by just guessing the meaning of the simplified characters.

The pinyin is on the left side of the book, in case you need the reference. More than likely this will be for some of the cognates. Just start to read the story in Chinese characters. You will find out how easy it is to read a story in Chinese. In no time you will be like many of my students who often comment that reading pinyin is not as easy and fast as reading characters. You may notice the tone marks in the text sometimes are different from those in the Glossary. The pinyin in the text is how one read in context.

Dear reader, are you ready to leap into a 2100 Chinese characters reader now? Enjoy!

淘宝

Dì yī zhāng

Qù zuò yì gōng

Liǎng ge xīng qi yǐ qián, Mark de mā ma

yào tā qù bāng tā men jiā fù jìn de yí ge lǎo

tài tai zhěng lǐ dì xià shì. tā mā ma gào su tā,

lǎo tài tai de dì xià shì fēi cháng dà, lǐ miàn

duī mǎn le dōng xi, lián rén dōu zǒu bú jìn

qu.

第一章

去做义工

两个星期以前，Mark的妈妈要他去帮他们家附近的一个老太太整理地下室。他妈妈告诉他，老太太的地下室非常大，里面堆满了东西，连人都走不进去。

Dì xià shì yǐ jīng hěn jiǔ méi yǒu zhěng lǐ guò le, yì tiān kě néng zuò bù wán.

Kě shì Mark yì diǎn'er yě bú zài hu, tā duì zhè ge gōng zuò tài mǎn yì le, yīn wèi tā zuì xǐ huan zài lā jī lǐ miàn táo bǎo. tā zǒng néng cóng bié rén bú yào de dōng xi lǐ táo dào tā yào de bǎo.

地下室已经很久没有整理过了，一天可能做不完。

可是Mark一点儿也不在乎，他对这个工作太满意了，因为他最喜欢在垃圾里面淘宝。他总能从别人不要的东西里淘到他要的宝。

Tā mā ma gào su tā, lǎo tài tai nián ji dà le, xū yào rén bāng tā zhěng lǐ. tā shì qù bāng lǎo tài tai zhěng lǐ, tā shì zài zuò yì gōng, suǒ yǐ méi rén huì fù tā qián. mā ma yě bú huì gěi tā qián. kě shì rú guǒ tā kàn dào tā xiǎng yào de dōng xi, tā kě yǐ yào.

他妈妈告诉他，老太太年纪大了，需要人帮她整理。他是去帮老太太整理，他是在做义工，所以没人会付他钱。妈妈也不会给他钱。可是如果他看到他想要的东西，他可以要。

Mā ma duì tā shuō: "kě shì Mark, nǐ qiān wàn bié bǎ shén me dōng xi dōu dài huí jiā lái, nǐ de wò shì lǐ dōng xi tài duō le, xiàng ge lā jī duī. hái yǒu, rú guǒ nǐ kàn jiàn zhí qián de dōng xi, nǐ bù kě yǐ yào. nǐ bì xū huán gěi lǎo tài tai. míng bai ma?"

妈妈对他说："可是Mark，你千万别把什么东西都带回家来，你的卧室里东西太多了，像个垃圾堆。还有，如果你看见值钱的东西，你不可以要。你必须还给老太太。明白吗？"

Nèi ge xīng qi liù, Mark yí dà zǎo jiù dài le

jǐ ge hěn dà de lā jī dài qí chē qù le lǎo tài tai

de dì xià shì. tā bǎ cóng wài miàn dào dì xià

shì de mén dǎ kāi, mǎ shàng jiù wén dào yì

gǔ guài wèi'er, ě xīn jí le.

那个星期六，Mark一大早就带了几
个很大的垃圾袋骑车去了老太太的
地下室。他把从外面到地下室的门
打开，马上就闻到一股怪味儿，恶
心极了。

Kě shì Mark yì diǎn'er yě bú zài hu, yīn wèi

tā de mā ma yě cháng cháng shuō tā de wò

shì yǒu yì gǔ guài wèi'er, ě xīn jí le. tā zhī

dào wǔ fēn zhōng yǐ hòu tā jiù wén bú dào

nà gǔ guài wèi'er le.

可是Mark一点儿也不在乎，因为他的妈妈也常常说他的卧室有一股怪味儿，恶心极了。他知道五分钟以后他就闻不到那股怪味儿了。

Dì èr zhāng

Shén me dōu yǒu

Tā xiān bǎ duī zài mén kǒu de dōng xi dōu
diū dào wài miàn qù, zhēn shì shén me dōu
yǒu, yǒu yī fu, xié zi, yě yǒu shū hé bào zhǐ,
hái yǒu dà dà xiǎo xiǎo de zhǐ hé zi.

第二章

什么都有

他先把堆在门口的东西都丢到外面去，真是什么都有，有衣服、鞋子，也有书和报纸，还有大大小小的纸盒子。

Mark de nǎo zi hěn kuài, tā mǎ shang bǎ diū

chū qù de dōng xi fēn chéng sān duī : yì duī

shì lā jī; yì duī kě yǐ yòng de, sòng dào yì

gōng zhàn qù; hái yǒu yì duī shì tā xiǎng yào

táo de bǎo.

Yī ge zhōng tóu yǐ hòu, Mark yǐ jīng zhěng

lǐ chū yì tiáo kě yǐ zǒu de "lù"le, tā duì tā zì

jǐ de gōng zuò fēi cháng mǎn yì, wǒ zuò de

hěn kuài a, tā xiǎng, jīnt iān zuò de wán.

Mark的脑子很快，他马上把丢出去的东西分成三堆：一堆是垃圾；一堆可以用的，送到义工站去；还有一堆是他想要淘的宝。

一个钟头以后，Mark已经整理出一条可以走的"路"了，他对他自己的工作非常满意，我做得很快啊，他想，今天做得完。

Tā yì biān tīng shǒu jī fàng de yīn yuè, yì biān kāi shǐ bān zuǒ biān de dōng xi. tā bān kāi yì duī bào zhǐ, tīng jiàn "ji ji" de jiào shēng, a, shì yì zhī xiǎo lǎo shǔ, zhāng zhe yǎn jing kàn zhe tā.

他一边听手机放的音乐，一边开始搬左边的东西。他搬开一堆报纸，听见"ji ji"的叫声，啊，是一只小老鼠，张着眼睛看着他。

Mark shuō: "duì bù qǐ a, nǐ bì xū bān jiā le."

Mark bú pà lǎo shǔ, tā yě bù dǎ lǎo shǔ, ràng

tā táo ba. tā xiǎng. tā bǎ bào zhǐ bān qǐ lái de

shí hou, yì zhī lǎo shǔ mā ma duì zhe tā jiào,

páng biān hái yǒu wǔ liù zhī xiǎo lǎo shǔ, "āi

yā, yì jiā dōu zài a! duì bù qǐ. nǐ men bì xū

bān jiā." tā bǎ bào zhǐ bān dào wài miàn, diū

zài "lā jī" nà duī. tā wén dào lǎo shǔ shǐ de

guǎi wèi'er.

Mark说："对不起啊，你必须搬家了。" Mark不怕老鼠，他也不打老鼠，让它逃吧。他想。他把报纸搬起来的时候，一只老鼠妈妈对着他叫，旁边还有五六只小老鼠，"哎呀，一家都在啊！对不起。你们必须搬家。"他把报纸搬到外面，丢在"垃圾"那堆。他闻到老鼠屎的怪味儿。

Tā zài yí ge dà dài zi lǐ miàn kàn dào hěn
duō shū, yǒu yīng wén shū, dé wén shū hé fǎ
wén shū, tiān a, lián zhōng wén shū dōu yǒu.
zěn me huì yǒu zhè me duō zhōng wén shū
ne? tā méi yǒu shí jiān kàn nà xiē zhōng wén
shū, kě shì tā dǎ suàn dōu dài huí jiā qù. zhè
xiē shū dōu hěn lǎo, yǒu yì gǔ guài wèi,er.

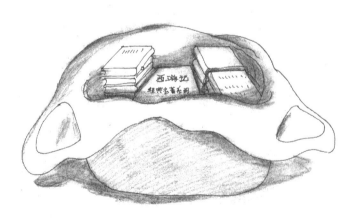

他在一个大袋子里面看到很多书，
有英文书、德文书和法文书，天
啊，连中文书都有。怎么会有这么
多中文书呢？他没有时间看那些中
文书，可是他打算都带回家去。这
些书都很老，有一股怪味儿。

Tā bǎ yī ge dà hé zi dǎ kāi, lǐ miàn yǒu hěn duō qí guài de yī fu hé miàn jù: yí ge Monkey King de miàn jù hé yī fu, yí ge xióng māo de miàn jù hé yī fu, hái yǒu hěn duō lián Mark dōu méi kàn guò de miàn jù.

Zhè xiē shì Halloween de dōng xi ma? tā bǎ miàn jù yí ge yí ge dài shang, yòng shǒu jī zì pāi le jǐ zhāng zhào piān, tài kù le. tā duì zhè ge gōng zuò zhēn shi tài mǎn yì le. dāng rán, tā bǎ zhè xiē dōng xi fàng zài tā zì jǐ de "táo bǎo" duī lǐ.

他把一个大盒子打开，里面有很多奇怪的衣服和面具：一个Monkey King 的面具和衣服，一个熊猫的面具和衣服，还有很多连Mark都没看过的面具。

这些是Halloween的东西吗？他把面具一个一个戴上，用手机自拍了几张照片，太酷了。他对这个工作真是太满意了。当然，他把这些东西放在他自己的"淘宝"堆里。

Dì sān zhāng

Zài zhōng guó chū shēng de nǎi nai

Tā de mā ma zhōng wǔ de shí hou gěi tā dǎ le yí ge diàn huà, gào su tā lǎo tài tai yào tā shàng lóu qù chī wǔ fàn. tā kě yǐ xiū xi yí ge zhōng tóu.

第三章

在中国出生的奶奶

他的妈妈中午的时候给他打了一个电话，告诉他老太太要他上楼去吃午饭。他可以休息一个钟头。

Mark shuō: "wǒ dài le sān míng zhì. bú

yòng xiū xi. wǒ jīn tiān zuò de wán." tā mā

ma shuō: "nǐ shàng qu gēn nǎi nai shuō shuō

huà. tā zuò de dàn gāo tài hǎo chī le, wǒ hěn

jiǔ yǐ qián chī guò."

Mark说："我带了三明治。不用休息。我今天做得完。"他妈妈说："你上去跟奶奶说说话。她做的蛋糕太好吃了，我很久以前吃过。"

Mark yì tīng yǒu dàn gāo jiù kuài kuai de shàng lóu qù le. lǎo tài tai zài chú fáng lǐ děng tā. zhuō zi shàng yǒu jī tuǐ, tāng, shā lā hé yí ge dàn gāo. Wow! zhè me duō hǎo chī de. lǎo tài tai duì tā shuō:"nǐ suí biàn chī. duō chī yì diǎn. bú yào kè qi." Mark yì tīng jiù shuō hǎo, tā yì diǎn yě bú kè qi, kuài kuai de dà chī dà hé qǐ lái.

Mark一听有蛋糕就快快地上去了。老太太在厨房里等他。桌子上有鸡腿，汤，沙拉和一个蛋糕。Wow!这么多好吃的。老太太对他说："你随便吃。多吃一点。不要客气。"Mark 一听就说好，他一点也不客气，快快地大吃大喝起来。

"Nǎi nai, nǐ zuò de cài tài hǎo chī le. wǒ mā
ma shuō nǐ de dàn gāo tè bié hǎo chī, suǒ yǐ
wǒ bú yào chī tài duō cài, wǒ cái chī de xià
dàn gāo."

Lǎo tài tai shuō: "chī bú xià méi guān xi, nǐ
dài huí jiā qù chī. dàn gāo shì zuò gěi nǐ de."

Wow! Mark wèn: "nǎi nai, nǐ xué guò zhōng
wén ma? nǐ zěn me yǒu hǎo duō zhōng wén
shū?"

"奶奶，你做的菜太好吃了。我妈妈说你的蛋糕特别好吃，所以我不要吃太多菜，我才吃得下蛋糕。"

老太太说："吃不下没关系，你带回家去吃。蛋糕是做给你的。"

Wow! Mark 问："奶奶，你学过中文吗？你怎么有好多中文书？"

Lǎo tài tai wèn: "nǐ zài xué zhōng wén ma?

bù rán, nǐ zěn me zhī dào shì zhōng wén shū

ne?" lǎo tài tai yòng zhōng wén shuō.

Mark shuō: "tiān a, nǎi nai, ní de zhōng wén

shuō de xiàng zhōng guó rén yí yàng. wǒ

xué zhōng wén xué le sān nián le. zhōng

wén hěn nán, wǒ shuō de bù hǎo. kě shì

zhōng wén hěn yǒu yì si."

老太太问："你在学中文吗？不然，你怎么知道是中文书呢？"老太太用中文说。

Mark说："天啊，奶奶，你的中文说得像中国人一样。我学中文学了三年了。中文很难，我说得不好。可是中文很有意思。"

Lǎo tài tai shuō: "wǒ chū shēng zài zhōng guó. shí suì de shí hou cái huí měi guó."

Mark shuō: "tiān a! tài kù le, nǎi nai, nǐ de, bù, nín de zhōng wén yí dìng fēi cháng hǎo, bù, fēi cháng dì dao."

lǎo tài tai shuō:" nǐ de zhōng wén xué de bú cuò a."

Mark shuō: "nǎ lǐ nǎ lǐ!"

老太太说："我出生在中国。十岁的时候才回美国。"

Mark说："天啊！太酷了，奶奶，你的，不，您的中文一定非常好，不，非常地道。"

老太太说："你的中文学得不错啊。"

Mark说："哪里哪里！"

Dì sì zhāng

Mark táo dào de bǎo

Lǎo tài tai shuō:" nǐ xǐ huān nǎ xiē zhōng

wén shū jiù dài huí jiā. wǒ hái yǒu yí tào

zhōng guó de màn huà shū, kě yǐ sòng gěi

nǐ. hěn hǎo kàn de."

第四章

Mark淘到的宝

老太太说："你喜欢哪些中文书就带回家。我还有一套中国的漫画书，可以送给你。很好看的。"

Mark shuō: "shén me shì màn huà shū? ."

lǎo tài tai shuō:" jiù shì comic books! zhōng

guó yǒu yí tào hěn yǒu míng de màn huà

shū, shì shuō yí ge gū ér de gù shi…"

Mark bù děng lǎo tài tai shuō wán, jiù hěn

xīng fèn de shuō: "wǒ zhī dào! xān máo, duì

bú duì? "

Mark说："什么是漫画书？ "

老太太说："就是comic books！中国有一套很有名的漫画书，是说一个孤儿的故事…"

Mark 不等老太太说完，就很兴奋地说："我知道！三毛，对不对？"

Lǎo tài tai yě hěn xīng fèn:" a, nǐ zhī dào sān

máo! jiù shì sān máo. wǒ zhè tào shì dì yī

bǎn."

Mark shuō: " Wow! dì yī bǎn? First edi-

tion? tài bàng le!"

老太太也很兴奋："啊，你知道三毛！就是三毛。我这套是第一版。"

Mark 说："Wow！第一版？First edition？太棒了！"

Dào le xià wǔ wǔ diǎn, Mark yǐ jing zhěng

lǐ hǎo èr shí qī dài lā jī, bā dài kě yǐ sòng dào

shè qū yì gōng zhàn de dōng xi hé liǎng dài

tā xiǎng yào de dōng xi. dì xià shì de dōng

xi dōu bān guāng le, lián yì zhāng kě yǐ zuò

de yǐ zi dōu méi yǒu le. Mark fēi cháng lèi,

tā zuò zài dì shang, kàn zhe bān guāng le de

dì xià shì, tā duì zì jǐ de gōng zuò fēi cháng

mǎn yì.

到了下午五点，Mark已经整理好二十七袋垃圾，八袋可以送到社区义工站的东西和两袋他想要的东西。地下室的东西都搬光了，连一张可以坐的椅子都没有了。 Mark非常累，他坐在地上，看着搬光了的地下室，他对自己的工作非常满意。

Tā kàn le yí xia tā táo de liǎng dài bǎo, bǎ jǐ

ge hé zi dōu dǎ kāi le, tiān a! yǒu liǎng hé

bàng qiú kǎ, hěn lǎo de bàng qiú kǎ, tā zhī

dào zhè xiē bàng qiú kǎ hěn guì, tā bù kě yǐ

dài zǒu.

Tā qù gào su lǎo tài tai tā bǎ dì xià shì zhěng

lǐ hǎo le, tā dài le fàng bàng qiú kǎ de hé zi.

他看了一下他淘的两袋宝，把几个盒子都打开了，天啊！有两盒棒球卡，很老的棒球卡，他知道这些棒球卡很贵，他不可以带走。

他去告诉老太太他把地下室整理好了，他带了放棒球卡的盒子。

Mark shuō: "nǎi nai, wǒ dōu zhěng lǐ hǎo le,

dì xià shì lǐ shén me dōu méi yǒu le, lián jiā

jù dōu bān zǒu le. zhè liǎng ge hé zi lǐ shì

bàng qiú kǎ, kě yǐ mài de, hěn guì de."

Lǎo tài tai shuō:" nǐ hěn xǐ huan zhè xiē

bàng qiú kǎ ba? nǐ xǐ huan jiù dài huí jiā qù

ba. hái yǒu, zhè tào sān máo de màn huà shū

yě sòng gěi nǐ."

Mark说："奶奶，我都整理好了，地下室里什么都没有了，连家具都搬走了。这两个盒子里是棒球卡，可以卖的，很贵的。"

老太太说："你很喜欢这些棒球卡吧？你喜欢就带回家去吧。还有，这套三毛的漫画书也送给你。"

Mark shuō: "kě shì, zhè xiē bàng qiú kǎ hěn

guì de…kě yǐ mài…"

"Nǐ huì mài ma?" lǎo tài tai bù děng tā shuō

wán jiù wèn.

"Dāng rán bú huì, zhè me hǎo de dōng xi

zěn me huì mài?"

Mark说："可是，这些棒球卡很贵的…可以卖…"

"你会卖吗？"老太太不等他说完就问。

"当然不会，这么好的东西怎么会卖？"

"Suǒ yǐ wǒ yào gěi nǐ a. yīn wèi nǐ xǐ huan, nǐ bú huì mài. zhè xiē dōng xi gēn wǒ yì qǐ hěn duō nián le, wǒ xiǎng gěi tā men zhǎo yí ge hǎo de jiā. wǒ xià ge yuè jiù yào bān dào yǎng lǎo yuàn qù le. nà'er xiǎo, shén me dōu dài bù zǒu, lián shū dōu dài bù zǒu."

"所以我要给你啊。因为你喜欢，你不会卖。这些东西跟我一起很多年了，我想给它们找一个好的家。我下个月就要搬到养老院去了。那儿小，什么都带不走，连书都带不走。"

Mark hū rán shuō: "nǎi nai, wǒ yǐ hòu kě yǐ qù yǎng lǎo yuàn kàn nín ma? wǒ xiǎng tīng nín shuō nín xiǎo shí hou zài zhōng guó de shì."

Lǎo tài tai de yǎn jing yí liàng, tā shuō: "dāng rán kě yǐ. kě shì, Mark, wǒ bān zǒu yǐ qián, nǐ hái děi zài lái yí cì. gé lóu shàng hái yǒu hěn duō hěn lǎo de... lā jī, nǐ kě néng huì yǒu xìng qu."

Mark 忽然说："奶奶，我以后可以去养老院看您吗？我想听您说您小时候在中国的事。"

老太太的眼睛一亮，她说："当然可以。可是，Mark，我搬走以前，你还得再来一次。阁楼上还有很多很老的…垃圾， 你可能会有兴趣。"

Shén me? gé lóu? Mark lián xiǎng dōu méi

xiǎng, mǎ shang jiù shuō: "dāng rán, wǒ

dāng rán lái!"

Tā kāi xīn de kàn kan nǎi nai, xīn li xiǎng:

wǒ zhēn de táo dào le zuì dà de bǎo.

什么？阁楼？Mark连想都没想，马上就说："当然，我当然来！"

他开心地看看奶奶，心里想：我真的淘到了最大的宝。

GLOSSARY
词索

āi yā	哎呀
ba	吧
bā	八
bǎ mén dǎ kāi	把门打开
bǎ... dài shàng	把…戴上
bǎ…dài huí jiā lái	把…带回家来
bǎ…diū dào wài miàn qù	把…丢到外面去
bǎ…fēn chéng	把…分成
bān	搬
bān guāng le	搬光了
bān jiā	搬家
bān kāi	搬开
bān qǐ lái	搬起来
bāng	帮
bàng qiú kǎ	棒球卡
bào zhǐ	报纸
bì xū	必须
bié rén	别人
bù	不
bù cuò	不错
bù děng…shuō wán jiù	不等…说完就
bù kě yi	不可以
bù rán	不然
bú yào kè qi	不要客气
bù yòng	不用

	oh, my goodness!
	indicates suggestion
	eight
把門打開	to open to door
	to put one
把…帶回家來	to bring ...back home
	to throw ...to outside
	to devide... into
	to move
	to completely moved
	to move (home)
把搬開	to move away
	to move up
幫	to help
	baseball card
報紙	newspaper
必須	must
	other
	not
不錯	not bad
不等…說完就	did not wait...finish and
	not permitted
	otherwise
不要客氣	you are welcome
	no need to

bú zài hu	不在乎
cái	才
cháng cháng	常常
chī de xià/chī bú xià	吃得下/吃不下
chī wǔ fàn	吃午饭
chú fáng	厨房
chū shēng	出生
cóng	从
cóng…dào	从···到
dà	大
dǎ	打
dà chī dà hè	大吃大喝
dà dà xiǎo xiǎo de	大大小小的
dǎ kāi	打开
dǎ suàn	打算
dài bù liǎo	带不了
dài huí jiā qù	带回家去
dài le	带了
dāng rán	当然
dào le	到了
de	的
...de shí hou	...的时候
děi	得
děng	等
dì dao	地道

	not care
	later/harder than expected
	often
	can eat/cannot eat
吃午飯	to have lunch
	kitchen
	was born
從	from
從…到	from…to
	big
	to hit
	eat and drink
	all sizes
打開	to open
	to plan
帶不了	cannot bring
帶回家去	to brint back home
帶了	brought
當然	of course
	reached
	of; 's
…的時候	…when
	must
	to wait
	authentic

dì xià shì	地下室
dì yī bǎn	第一版
diū chū qù	丢出去
dōng xi	东西
dōu	都
dōu zài	都在
duì bú duì	对不对
duì bù qǐ	对不起
duī mǎn le	堆满了
duī zài mén kou	堆在门口
duì zhe tā jiào	对着他叫
duì…mǎn yì	对…满意
duì…shuō	对…说
duō	多
duō chī yì diǎn	多吃一点
ě xīn	恶心
èr shí qī	二十七
fǎ wén	法文
fàng de	放的
fēi cháng	非常
fù jin	附近
fù... qián	付...钱
gào su	告诉
gé lóu	阁楼
gěi	给

	the basement
	the first edition
	to throw ...outside
東西	stuff
	all
	all are here
對不對	is it correct
對不起	sorry
堆滿了	piled up
堆在門口	piled at the door entrance
對著他叫	bark (yell, make sound) to…
對…滿意	to be satisfied with
對…說	said to…
	many, much
多吃一點	eat more
噁心	disguesting
	twenty-seven
	French
	played
	very
	nearby
付...錢	to pay…
告訴	to tell
閣樓	attic
給	to give

gěi…. dǎ diàn huà	给…. 打电话
gěi…zhǎo yí ge jiā	给… 找一个家
gěi…zuò	给…做
gēn... yì qǐ	跟… 一起
gēn…shuō shuō huà	跟…说说话
gōng zuò	工作
gū ér	孤儿
gù shi	故事
guì	贵
hái yǒu	还有
hǎo	好
hǎo chī de	好吃的
hǎo duō	好多
hǎo kàn	好看
hǎo le	好了
hé	和
hěn dà de	很大的
hěn duō	很多
hěn jiǔ	很久
hěn kuài	很快
hěn lǎo	很老
huán gěi…	还给…
huí	回
huì	会
jǐ ge	几个

給…. 打電話	to call….
給…找一個家	to find a home for….
給…做	to make….for
	to be with….
跟…說說話	to chat with…
	work; job
	orphan
孤兒	story
貴	expensive
還有	in addition
	okay;
	delicious
	so many
	good read
	done
	and
	very big
	many, much
	long time
	very quickly; very fast
	very old
還給…	to return…to
	to return
會	is likely
幾個	several

jí le	极了
jī tuǐ	鸡腿
jiā ju	家具
jiào shēng	叫声
jīn tiān	今天
jiù	就
jiù shì	就是
kāi shǐ	开始
kāi xīn	开心
kàn dào	看到
kàn jiàn	看见
kàn le yí xià	看了一下
kàn zhe tā	看着他
kě néng	可能
kè qi	客气
kě shi	可是
kě yǐ	可以
kuài kuài de	快快地
lā jī	垃圾
lā jī dài	垃圾袋
le	了
lèi	累
lǐ miàn	里面

極了	extremely
雞腿	chicken leg
	furniture
叫聲	sound (bark, yell); noise
	today
	earlier/easier than expected
	just; that is
開始	to start
開心	to be happy
	saw
看見	saw
	to take a look
看著他	to look at him
	maybe
客氣	modest, polite
	but
	may; can
	quickly
	trash
	trash bag
	something is completed/ change of status
	is tired
裡面	in…; inside

lián…dōu	连…都
liǎng ge xīng qi	两个星期
ma	吗
mā ma	妈妈
mǎ shang	马上
mài	卖
màn huà shū	漫画书
méi yǒu rén	没有人
méi yǒu shí jiān	没有时间
méi yǒu…guò	没有…过
miàn jù	面具
míng bái	明白
nà /nèi ge	那个
nǎ lǐ nǎ lǐ	哪里哪里
nà xiē	那些
nà'er	那儿
nán	难
nǎo zi	脑子
nǐ	你
nián ji dà le	年纪大了
nín	您
pà	怕
pāi zhào pian	（拍）照片
páng biān	旁边
qí chē	骑车

連⋯都	even…also
兩個星期	two weeks
嗎	?
媽媽	mom
馬上	immediately
賣	to sell
漫畫書	comic book
	no one
沒有時間	no time
沒有⋯過	have never…
	mask
	to understand
那個	that
哪裡哪裡	you are too kind
	those
那兒	there
難	is difficult
腦子	brain
	you
年紀大了	getting old
	you (formal or polite form)
	to fear; to be afraid
	to (take) a picture
旁邊	next to; side
騎車	to ride a bike

qí guài	奇怪
qiān wàn bié	千万别
qù	去
qù le	去了
ràng	让
rén	人
rú guǒ	如果
sān duī	三堆
sān míng zhì	三明治
sān nián	三年
shā lā	沙拉
shàng lóu	上楼
shàng qu	上去
shén me	什么
shén me…dōu	什么…都
shè qū	社区
shì	是
shǐ	屎
shí suì	十岁
shǒu jī	手机
shū	书
shuō de bù hǎo	说得不好
sòng dào…qù	送到…去
sòng gěi	送给
suí biàn	随便

	strange; weird
	by all means do not…
	to go
	went
讓	to let
	people; person
	if
	three piles
	sandwich
	three years
	salad
上樓	to go upstairs
	to go up
什麼	what
什麼…都	every…
社區	community
	is; are; to be
	shit
十歲	ten years old
手機	cell phone
書	book
	do not speak well
	to send to…
送給	to give to
	whatever

suǒ yǐ	所以
tā	他
tā	它
tā men jiā	他们家
tài kù le	太酷了
tài…le	太…了
tāng	汤
táo	逃
táo bǎo	淘宝
tè bié	特别
tiān a	天啊
tīng…yīn yuè	听…音乐
wài miàn	外面
wén bú dào	闻不到
wén dào	闻到
wò shi	卧室
wǔ fēn zhōng	五分钟
wǔ liù zhī	五六只
xǐ huān	喜欢
xià ge yuè	下个月
xià wǔ wǔ diǎn	下午五点
xiān	先
xiàng	像
xiǎng yào	想要

	therefore
	he; him
	it
他們家	their house/home
	so cool
	too…
湯	soup
	to escape
淘寶	to hunt treasure
	special; specially
	Heavens
聽…音樂	to listen to…music
	outside
聞不到	cannot smell
聞到	smelt
臥室	bedroom
五分鐘	five minutes
五六隻	five or six; several
喜歡	to like
下個月	next month
下午五點	five in the afternoon
	first
	to be like
	to want

xiàng….yí yàng	像…. 一样
xiǎo shí hou de shì	小时候的事
xié zi	鞋子
xīn lǐ	心里
xīng qi liù	星期六
xiū xi	休息
xū yào	需要
xuǒ biān	左边
yǎn jing yí liàng	眼睛一亮
yǎng lǎo yuàn	养老院
yào	要
yě	也
yì biān…yì biān	一边…一边
yí dà zǎo	一大早
yī diǎn'er yě bù…	一点儿也不…
yí dìng	一定
yī fu	衣服
yí ge lǎo tài tai	一个老太太
yí ge yí ge	一个一个
yí ge zhōng tou	一个钟头
yì gōng zhàn	义工站
yǐ hòu	以后

像⋯. 一樣	to be the same as….
	what happened in childhood
	shoes
心裡	in one's mind
	Saturday
	to rest
	need to
左邊	left
	the eyes turn bright
養老院	nursing home
	to want
	also; too
	…while…(two actions are
一邊⋯一邊	taken place simultaneously
	early in the morning
一點兒都也不⋯	not at all…
	definitely
	clothes
一個老太太	one old lady
一個一個	one by one
一個鐘頭	one hour
	volunteer work station
	(organization)
以後	after

yì jiā	一家
yǐ jing	已经
yǐ qián	以前
yí tào	一套
yì tiān	一天
yī tiáo lù	一条路
yì zhāng yǐ zi	一张椅子
yī zhī xiǎo lǎo shǔ	一只小老鼠
yī…jiù	一···就
yīn wèi	因为
yīng wén	英文
yòng	用
yǒu	有
yǒu míng de	有名的
yǒu xìng qu	有兴趣
yǒu yì gǔ guài wèi'er	有一股怪味儿
yǒu yì si	有意思
zài	在
zài lái yí cì	再来一次
zài xué zhōng wén	在学中文
zài zuò yì gōng	在做义工
zài…lǐ miàn	在···里(面)
zěn me	怎么
zhāng zhe yǎn jing	张着眼睛
zhè me duō	这么多

	one (whole) family
已經	already
	before; ago
	one set
	one day
一條路	one pathway
一張椅子	one chair
一隻小老鼠	one little mouse
	as soon as … then
因為	because
	English
	to use
	to have
	famous
有興趣	have interest
有一股怪味兒	a weird smell
	is interesting
	at; in
再來一次	come one more time
在學中文	is studying Chinese
在做義工	is doing volunteer work
在…裡(面)	in…
怎麼	how; how come
張著眼睛	with eyes opened
這麼多	so many; so much

zhēn shi	真是
zhěng lǐ	整理
zhǐ hé zi	纸盒子
zhí qián	值钱
zhōng wǔ	中午
zhuō zi shàng	桌子上
zì jǐ	自己
zì pāi	自拍
zǒng néng	总能
zǒu bú jìn qù	走不进去
zuì	最
zuò	坐
zuò bù wán	做不完
zuò de cài/zuò cài	...做的菜/做菜
zuò de dàn gāo	...做的蛋糕
zuò de hěn kuài	做得很快
zuò de wán	做得完

	indeed
	to tidy up; to organize
	paper box
值錢	valuable
	noon
	on the table
	self
	self-shoot (a photo)
總能	always can
走不進去	cannot walk in
	the most
	to sit
	cannot finish
	the dishes …made/ to cook
	the cake … made
	works very fast
	can complete the work